Inhalt

Rosemarie Portmann

Die 50 besten
Spiele für mehr
Sozialkompetenz

MiniSpielothek

Gerne nehmen wir Ihre Anregungen,
Wünsche, Kritik oder Fragen entgegen:
Don Bosco Medien GmbH, Sieboldstraße 11, 81669 München
anregungen@donbosco-medien.de
Servicetelefon: (0 89) 4 80 08-341

Bibliografische Information der Deutschen Nationalbibliothek

Die Deutsche Nationalbibliothek verzeichnet diese Publikation
in der Deutschen Nationalbibliografie; detaillierte bibliografische
Daten sind im Internet über http://dnb.d-nb.de abrufbar.

10. Auflage 2015 / ISBN 978-3-7698-1729-4
© 2009 Don Bosco Medien GmbH, München
www.donbosco-medien.de
Umschlag: Felix Weinold
Layout: Alexandra Paulus
Produktion: Don Bosco Druck & Design, Ensdorf

Gedruckt auf umweltfreundlichem Papier

*Die Aufgabe der Kultur ist es,
im Menschen das soziale Gewissen
und die soziale Moral zu entwickeln
und zu stärken und alle Fähigkeiten
und Talente des Einzelnen
zu organisieren.*

Maxim Gorki

Spiele zum Kennenlernen

Gute Seiten

Die Gruppenleiterin schreibt die Namen jedes Kindes einzeln auf kleine Zettel und dazu jeweils zwei seiner positiven Eigenschaften und zwei seiner besonders ausgeprägten Fähigkeiten. Ältere Kinder können und sollten sich selbst beurteilen.

Die Zettel werden zusammengefaltet, in einem Karton oder Korb gesammelt und gut durchmischt. Nun wird nach und nach ein Zettel gezogen und vorgelesen.
Die Gruppe rät und begründet gemeinsam, um wen es sich dabei handelt. Wenn das Kind den Zettel selbst geschrieben hat, kann es unauffällig mitraten, damit es nicht durch sein Schweigen erkannt wird.
Durch diese Übung erfahren die Kinder etwas über ihre positiven Seiten und darüber, wie zutreffend sie sich selbst einschätzen bzw. von anderen eingeschätzt werden.

Gleich und gleich

Die Kinder bewegen sich frei im Raum. Auf Ansage durch eine Gruppenleiterin suchen sie sich nacheinander mindestens ein anderes Kind, das:

- die gleiche Haarfarbe hat
- die gleiche Augenfarbe hat
- die gleiche Sportart betreibt
- im gleichen Monat Geburtstag hat
- einen Vornamen hat, der mit dem gleichen Buchstaben beginnt wie der eigene o. Ä.

Die Anweisungen müssen dem Alter und der Zusammensetzung der Gruppe entsprechen, so dass die entsprechenden Personen auch wirklich gefunden werden können.

Das Spiel kann durch Musik begleitet werden. So lange die Musik spielt, gehen die Gruppenmitglieder, die sich gefunden haben, zusammen und sprechen miteinander. Immer wenn die Musik stoppt, wird eine neue Anweisung gegeben und es finden sich neue Paare, die dann eine Weile zusammen umhergehen.

Suchkind

Für dieses Spiel sollten sich die Kinder in einer Gruppe schon ein wenig kennen. Aber auch dann sollte das Spiel mit einer Einführungsrunde begonnen werden, in der reihum alle etwas besonders Charakteristisches über sich selbst mitteilen. Nun schlendern alle durch den Raum. Dann beginnt die Gruppenleiterin das Spiel und sagt zum Beispiel:

„Findet den Jungen, der auch im Regen gerne draußen ist."

Oder:

„Findet das Mädchen, das besonders gut Fußball spielt." o. Ä.

Die Kinder laufen zu dem Kind, das gemeint ist und schütteln ihm die Hand.

Das Kind, das (richtig) erraten wurde, sucht nun ein Kind aus, das das nächste Suchrätsel stellen darf. Das Geschlecht des zu erratenden Kindes muss nicht mitgeteilt werden, es erleichtert aber die Lösung. Auch müssen nicht nur positive Verhaltensweisen oder Fähigkeiten genannt werden. Negative Aussagen sollten aber immer mit positiven verbunden werden und freundlich im Wortlaut bleiben.

Beispiel

„Findet das Kind, das sich schnell gekränkt fühlt, aber ganz toll anderen helfen kann."

Mit zunehmender Bekanntheit der Kinder untereinander sollte bei den Suchaufgaben möglichst nicht nur nach Äußerlichkeiten gefragt werden.

Mein Name bin ich

Unser Name ist ein wichtiger Teil unserer Identität. Schon kleinen Kindern ist ihr Name wichtig. Der Vorname ist eines der ersten Wörter, das Kinder lesen und schreiben können. Die folgende Übung betont die Bedeutung des „Eigen"-Namens, indem sie eine Beziehung zwischen ihm und den individuellen Merkmalen eines Kindes herstellt.

Jedes Kind bekommt einen Bogen Papier. Darauf schreibt es in die Mitte seinen Vornamen. Wer noch nicht schreiben kann, lässt sich helfen. Nun malen alle rund um ihren Namen alles, was für ihre Person in irgendeiner Weise charakteristisch ist, wie ihr Selbstbild, typische Verhaltensweisen, Hobbys, Wunschträume o. Ä.
Die fertigen Namensbilder stellen die Gruppenmitglieder gegenseitig vor, geben gegebenenfalls Erläuterungen und beantworten Rückfragen.

Variation

Für ältere Kinder kann die Übung modifiziert werden. Sie schreiben auf dem Papierbogen die Buchstaben ihres Vornamens senkrecht untereinander. Zu jedem Buchstaben schreiben sie nun ein Wort auf, das sie in irgendeiner Weise beschreibt. Statt einem Wort können auch mal zwei oder drei Worte aufgeschrieben werden. Besonders schwierige Buchstaben im Namen wie x oder y werden einfach ausgelassen.

C	chic	S	spielt Fußball
O	ordentlich	T	taff
R	ruhig	E	ehrgeizig
D	dauernd gut gelaunt	P	patent
E	ehrlich	H	hat einen Hund
L	liebt Pferde	A	aufmerksam
I	interessiert	N	neugierig
A	auch mal faul		

Schau genau

Ein Kind verlässt den Raum. Die anderen bemühen sich nun darum, es so genau wie möglich zu beschreiben.

Beispiele

Größe, Augenfarbe, Haarfarbe und Frisur, Oberbekleidung, Strümpfe, Schuhe, Schmuck, besondere Verhaltensmerkmale.

Die Gruppenleiterin notiert all das auf einer Wandzeitung und nachdem das Kind wieder hereingerufen wurde, liest sie die Notizen vor. Gemeinsam vergleicht die Gruppe nun Original und Wandzeitungsnotizen:

- Wurde das Kind wahrheitsgetreu beschrieben?
- Was trifft zu? Was nicht?

Nach und nach oder an verschiedenen Tagen werden unterschiedliche Kinder vor die Tür geschickt. In der anschließenden Auswertung sollte auch über Fragen gesprochen werden wie:

- Gibt es Kinder, die besonders genau und treffend beschrieben wurden?
- Gibt es Kinder, die andere besonders genau und treffend beschreiben können?
- Was kann daraus über die verschiedenen Kinder und ihre Stellung in der Gruppe geschlossen werden?

Bei größeren Gruppen kann auch unbemerkt ein einzelnes Kind hinausgeschickt werden. Nach einer Weile wird gefragt: „Wer fehlt?"
Danach sollte sich die Gruppe mit folgenden Fragen beschäftigen:

- Gibt es Kinder, die nicht vermisst wurden?
- Warum ist das so und was könnte die Gruppe dagegen tun?

Wem gehört was?

Jedes Kind legt unbeobachtet von den anderen einen kleineren Gegenstand, den es meist mit sich herumträgt oder benutzt, in die Mitte des Stuhlkreises. Solche Gegenstände können z. B. sein:
Armband – (sauberes) Taschentuch – Murmeln – Fußball – oder Pferdebildchen – Sticker u. Ä.
Dabei kann es durchaus sein, dass verschiedene Kinder Gegenstände der gleichen Art abgeben, z. B. Fußball- oder Pferdebildchen oder Armbändchen, die gerade „in" sind.
Anschließend setzen sich alle Kinder in den Kreis und bemühen sich, jeden Gegenstand der richtigen Besitzerin oder dem richtigen Besitzer zuzuordnen. Die Zuordnung sollte auch begründet werden.
Anschließend wird über die Beobachtungen gesprochen:

- Wie schwierig war die richtige Zuordnung?
- Gelang sie bei einigen Kindern besser, bei anderen schlechter?
- Welche Gründe könnte es dafür geben?

Wer bin ich?

Sich selbst und andere besser kennen lernen, kann man mit folgendem Verwandlungsspiel: Ein Kind bittet die anderen, ihm zu sagen, in welches Tier, welche Pflanze, welches Fahrzeug, welches Möbelstück o. Ä. sie es verwandeln würden und warum.

Beispiel

- „Wenn ich ein Tier wäre, welches Tier würdet ihr in mir sehen?"
- „Wie kommt ihr darauf?"

Die Gruppe kann sich dabei auf ein Tier einigen, es können aber auch unterschiedliche Tiere genannt werden. Danach wird überlegt:

- Ist das Kind mit der Einschätzung einverstanden?
- Stimmt die Fremdwahrnehmung mit der eigenen Einschätzung überein?
- Was war überraschend?
- Haben einzelne Kinder etwas erfahren, was sie dazu anregt, ihr eigenes Verhalten der Gruppe gegenüber zu überdenken?

Gleichberechtigt – nicht gleichberechtigt

Die Kinder sammeln „Zweierbeziehungen", die allen aus ihrem Alltag, aus Texten und Liedern bekannt sind.

Beispiele

- Hänsel und Gretel
- Lehrer und Schüler
- Freundin und Freund
- Mutter und Vater
- Eltern und Kind
- Bruder und Schwester
- Ernie und Bert usw.

Gemeinsam wird dann besprochen und im Rollenspiel ausprobiert:

- Wie gehen die Paare miteinander um?
- Dürfen beide dasselbe tun?
- Wer darf mehr? Wer darf weniger? Warum ist das so? Ist das in Ordnung?

In Gespräch und Rollenspiel zu den „Zweierbeziehungen" bringen die Kinder bewusst oder unbewusst
ihre eigenen Erfahrungen ein. Die Diskussion gibt ihnen die Möglichkeit, auch das eigene Verhalten in ihren unterschiedlichen „Beziehungen" zu reflektieren,
ohne es direkt thematisieren zu müssen.

Gut Freund sein

Freunde und Freundinnen sind wichtig. Aber manchmal will es einfach nicht klappen, Freundschaften zu schließen oder Freundschaften zu erhalten.
Die Kinder diskutieren, was man tun kann, um eine gute Freundin oder ein guter Freund zu sein bzw. zu werden.

Beispiele

- freundlich sein
- öfter mal etwas Nettes sagen
- bei einer schwierigen Aufgabe oder Arbeit ungefragt Hilfe anbieten
- sich Zeit nehmen
- gut zuhören, wenn die oder der andere Kummer hat
- mal einen eigenen Wunsch zurückstellen, um gemeinsam etwas zu unternehmen
- sich entschuldigen, wenn man Unrecht hatte usw.

Die wichtigsten Äußerungen werden von der Gruppenleiterin aufgeschrieben. Immer wenn in der Gruppe Schwierigkeiten zwischen den Kindern auftreten, kann die Gruppenleiterin dann daran erinnern bzw. die passende Verhaltensweise vorlesen.

Variation

Die Übung kann mit der Auflistung der freundschaft-
lichen Verhaltensweisen beendet sein. Sind die Kinder
schon ein bisschen älter, kann, wer mag, aber auch
die anderen bitten, ihm zu sagen, was er/sie speziell
verändern könnte, um ein besserer Freund oder eine
bessere Freundin zu sein.

Neue Leute kennen lernen

Die Kinder nehmen sich vor, im Laufe einer Woche oder bis zum nächsten Gruppentreffen eine oder zwei neue Bekanntschaften zu machen.

Kleinere Kinder nehmen sich zum Beispiel vor, mit einem Kind zu spielen, mit dem sie bisher nichts zu tun hatten bzw. nichts zu tun haben wollten. Das kann ein Kind in Kindergarten, Hort oder Schule sein, aber auch ein Kind aus der Nachbarschaft.

Ältere Kinder sollten versuchen, auch mit Menschen in Kontakt zu kommen, die sich von ihnen im Alter und/oder in der Nationalität unterscheiden, wie zum Beispiel die alte Frau, die sie immer beim Einkaufen treffen, oder die ausländische Familie im Nebenhaus.

Bevor der Kennenlern-Versuch startet, wird in der Gruppe besprochen, wo man am besten neue Leute kennen lernen kann und wie man am besten auf sie zugeht.

Zum vereinbarten Zeitpunkt berichten die Kinder dann in der Gruppe von ihren Erfahrungen:

- Ist es ihnen gelungen, neue Bekanntschaften zu machen?
- Wie haben sie es geschafft, Kontakt aufzunehmen?

- Was hat besondere Überwindung gekostet? Was war besonders schwierig?
- Was war leicht? Was war überraschend? Was hat Freude gemacht?
- Werden sie die neuen Bekanntschaften weiter pflegen?

Hinweis

Selbstverständlich muss sichergestellt werden, dass sich niemand durch die Kontaktsuche mit Fremden in Gefahr begibt.

Spiele zur Integration

Außenseiter

Ein oder zwei Kinder bekommen einen Schal umge-hängt und werden damit als „Außenseiter" gekenn-zeichnet. Dann bewegen sich alle frei im Raum. Sie be-grüßen sich gegenseitig, geben sich die Hand, klopfen sich auf die Schulter, sprechen miteinander – nur die „Außenseiter" werden gemieden. Niemand beachtet sie, niemand reagiert auf ihre Kontaktversuche.
Nach einer Weile werden die Rollen gewechselt, bis alle mal „Außenseiter" waren. Den Anfang als „Außen-seiter" sollten Kinder machen, die fest in die Gruppe integriert sind, denn die Übung kann belastend sein.

Bei diesem Spiel ist das Auswertungsgespräch zum Schluss besonders wichtig:

- Wie war es, „Außenseiter" zu sein und trotz aller Bemühungen von allen nicht zur Kenntnis genom-men zu werden?
- Wie war es, auf die „Außenseiter" nicht eingehen zu dürfen?
- Welche Erfahrungen haben die Kinder bisher mit dem Thema „Außenseiter"?
- Wie will die Gruppe sich fortan verhalten, damit nie-mand zum „Außenseiter" wird?

Burg-Spiele

Bis auf ein oder zwei Spieler bilden die Kinder einen engen Kreis, die „Burg". Die ausgeschlossenen Mitglieder versuchen nun, die „Burg" zu erstürmen, indem sie auf irgendeine Weise den Kreis durchbrechen. Treten, Kratzen, Schlagen, Kitzeln u. Ä. sind dabei nicht erlaubt.

Variation

Die Kinder, die die „Burg" bilden, können sich auch ein Wort oder ein Verhalten ausdenken, das die „Ausgeschlossenen" finden müssen, um eingelassen zu werden. Gelingt es ihnen, diesen „Burgschlüssel" zu finden?

Es sollten mehrere Runden gespielt werden, damit die Rollen gewechselt werden können und alle einmal versuchen müssen, die „Burg" zu erobern.
Im Auswertungsgespräch sollten Fragen diskutiert werden wie:

- Wie geht es einem, wenn man in eine bereits bestehende Gruppe möchte?

- Wie geht es einem, wenn man den „Schlüssel" nicht findet?
- Wie geht es einem, wenn man jemanden nicht einlassen möchte bzw. nicht einlassen darf?
- Wie geht es einem, wenn man nach vielen vergeblichen Versuchen resigniert und die „Schlüsselsuche" aufgibt?

Hinweis

Es sollte auf jeden Fall darauf geachtet werden, dass die Kinder nicht ihre Freunde bevorzugt und schnell „einlassen" und andere Kinder stärker „ausschließen" - sonst hat das Spiel schnell die gegenteilige Wirkung.

Spießrutenlaufen

Die Kinder stellen sich dicht an dicht in zwei Reihen gegenüber auf und bilden so eine enge Gasse. Der Abstand zwischen den Reihen sollte nur etwa eine Armlänge betragen. Die Kinder am Ende der Reihe werden nun aufgefordert, nacheinander einzeln durch die Gasse zu gehen. Alle, die die Gasse bilden, machen jedes Kind, das durch die Gasse geht, verbal an, sie schimpfen, sie spotten, sie beleidigen, sie schaukeln sich gegenseitig hoch.

Beispiele

- „Du stinkst."
- „Guckt mal, die hat aber einen dicken Hintern, die bleibt gleich stecken."
- „Hat der aber uncoole Hosen."
- „Du bist doof, du bist doof, du bist oberdoof usw."

Es darf mit Händen und Fäusten gedroht werden, Berührungen oder Anspucken aber sind verboten.
Im Auswertungsgespräch werden die unterschiedlichen Gefühle während der Übung thematisiert:

- Wie fühlte es sich an, so niedergemacht zu werden?
- Hat die Enge der Gasse dabei eine Rolle gespielt?
- Wie fühlte es sich an, andere zu beschimpfen und zu beleidigen?
- Welchen Einfluss hatten die anderen auf das eigene Verhalten?

Damit keine Kränkungen zurück bleiben, sollte das Spiel zum Abschluss noch einmal gespielt werden, diesmal aber mit positiven Bemerkungen. Alle gehen nacheinander durch die Gasse und bekommen dabei etwas Freundliches zugerufen.

Hinweis

Auch hier muss wieder sehr darauf geachtet werden, dass das Spiel nicht „ausgenutzt" wird, um Außenseiter oder schüchterne/schwächere Kinder niederzumachen. Geschieht dies, brechen Sie das Spiel sofort ab und reden mit der Gruppe u.v.a. den „Übeltätern" darüber, warum und wie es dazu kommen konnte.

Steh auf, wenn ...

Die Gruppe sitzt im Kreis. Die Gruppenleiterin liest nacheinander Aussagen vor und bittet die Kinder, jeweils kurz aufzustehen, wenn eine Aussage auf sie zutrifft. Das Aufstehen ist freiwillig. Es kann deshalb sowohl bedeuten „Es ist mir schon passiert" als auch „Ich möchte euch das nicht mitteilen". Ob jemand aufsteht oder nicht, darf von den anderen Kindern weder durch Worte noch durch Mimik oder Gestik kommentiert werden. Die Gruppe schweigt während der gesamten Übungsdauer.

Beispiele

„Steh auf, wenn ...
- du viele Freundinnen und Freunde hast.
- du schon mal neu in eine Gruppe gekommen bist.
- du weggehst, wenn bestimmte andere sich neben dich setzen wollen.
- du schon mal vor anderen Leuten fertig gemacht worden bist.
- dich andere schon mal nicht dabeihaben wollten.
- du schon mal nicht mitspielen durftest.
- du schon mal nicht die Wahrheit gesagt hast.
- dich eine angesagte Clique nicht aufnehmen wollte.

- du oft alleine bist, obwohl du gerne Gesellschaft hättest.
- du schon mal Krach mit anderen hattest." u. Ä.

Die Aussagen müssen so ausgewählt werden, dass sie zu Alter und Erfahrung der Kinder und zur Gruppensituation passen. Niemand darf dadurch bloßgestellt werden. Es müssen immer auch Aussagen dabei sein, die praktisch auf alle zutreffen. Alle müssen erkennen können, dass sie mit der Erfahrung, auch mal ausgeschlossen zu werden oder andere auszuschließen, nicht alleine sind. Damit Einzelne nicht doch noch gegen ihren Willen „geoutet" werden, sollte im Allgemeinen kein Auswertungsgespräch geführt werden bzw. mit den Informationen sehr sensibel umgegangen werden.

Einzigartig – nicht
außen vor

Auf Anweisung der Leiterin finden sich alle Kinder zusammen, die ein bestimmtes Merkmal aufweisen, z. B.

- ein Oberteil in der gleichen Farbe tragen
- einen Ohrring im linken Ohr haben
- lange Haare haben u. Ä.

Nach den Merkmalen werden dann Kleingruppen gebildet, also:

„Hier stehen alle mit rotem Oberteil, hier stehen alle mit braunem Oberteil ...“

Dabei werden Einzelne im Allgemeinen alleine bleiben. Es gibt z. B. nur ein Kind mit einem lila Oberteil und nur eins mit einem grünen Oberteil. In diesen Fällen betont die Gruppenleiterin, dass hier jemand Einzigartiges zu sehen ist. Das „du bist allein, du bist Außenseiter, weil du zu keiner Gruppe gehörst“ wird bewusst ins Positive verkehrt: „Du bist hervorragend, du bist einzigartig, weil du zu keiner Gruppe gehörst.“

34

Bei der Auswahl der Merkmale muss die Gruppenleiterin darauf achten, dass auch tatsächlich „Einzigartige" übrig bleiben, zunächst solche, die gut in die Gruppe integriert und dort niemals Außenseiter sind, nach und nach dann auch reale „Außenseiter". Sie können mit Hilfe dieser Übung die Erfahrung machen, dass „Alleine-Sein" nicht notwendig Negatives bedeuten muss. Diese Sichtweise sollte im Auswertungsgespräch thematisiert und vertieft werden.

Was ist gut daran, verschieden zu sein?

Die Gruppe sammelt zunächst Gemeinsamkeiten. Die Gruppenleiterin schreibt auf:
„Da sind wir alle gleich."

Beispiele

- Wir sind alle Kinder.
- Wir spielen gerne.
- Wir haben alle Schuhe an.
- Wir lachen gerne miteinander usw.

Dann werden gemeinsam die Unterschiede gesucht. Die Gruppenleiterin schreibt wiederum auf:
„Da sind wir unterschiedlich."

Beispiele

- Wir haben oder mögen unterschiedliche Haustiere.
- Wir mögen unterschiedliche Farben.
- Wir können unterschiedlich schnell laufen
- Wir haben unterschiedliche Haar- und/oder Hautfarben usw.

Gemeinsam wird dann überlegt, warum es gut ist, nicht nur gleich, sondern auch verschieden zu sein.

Variation

Ältere Kinder können diese Übung zunächst in Kleingruppen durchführen. Deren Ergebnisse werden dann anschließend in der Großgruppe diskutiert. Mit dieser Übung können die Kinder die Erfahrung machen, dass beides, Gemeinsamkeiten und Unterschiede, wichtig sind und sich ergänzen. Wenn alle gleich wären, wäre es auf dieser Welt doch ziemlich langweilig, eintönig und öde, oder?

Neugierig aufs Anderssein

Die Kinder sitzen im Kreis. Ein Stuhl bleibt leer. Das Kind, das links neben dem freien Stuhl sitzt, klopft darauf und sagt:

„Mein rechter, rechter Platz ist leer. Ich wünsche mir ein Kind her, das ...

- eine andere Augenfarbe hat als ich.
- nicht so gerne Fußball spielt wie ich.
- keine kleine Schwester hat wie ich.
- kleiner / größer ist als ich usw."

Kinder, auf die die jeweilige Aussage zutrifft, setzen sich in Bewegung. Wer den freien Stuhl zuerst erreicht, darf sich setzen. Dessen bisheriger linker Sitznachbar darf dann weitermachen.
Im Spielverlauf bemühen sich die Kinder darum, möglichst unauffällige „Unterschiede" zu entdecken und die Anforderungen zum Platzwechsel immer schwieriger werden zu lassen.
Nach dem Spiel kann darüber gesprochen werden, ob die Kinder neue „Unterschiede" entdeckt haben.

Starke Paare

Die Gruppenleiterin teilt die Kinder in Zufallspaare ein. Die Kinder erhalten bestimmte Aufgaben, die sie zunächst einzeln lösen sollen. Die Einzelergebnisse werden schriftlich oder im Bild festgehalten. Nun sollen die beiden Kinder die gleichen Aufgaben noch einmal gemeinsam bewältigen und anschließend der Gruppe vorführen. Beide Male, sowohl alleine als auch zu zweit, sollen die Kinder ihr Bestes geben. Bei den Aufgaben kann es sich um einfache und / oder absonderliche Leistungen handeln. Die Kinder sollen z. B.

- innerhalb von 5 Minuten einen Ball möglichst oft gegen eine Wand prellen
- in einer Viertelstunde eine bestimmte Anzahl an Kastanien, Tannenzapfen, Kieselsteine o. Ä. sammeln
- möglichst viel Gewicht auf die Waage bringen

Die Paare müssen so zusammengestellt und die geforderten Leistungen so ausgewählt werden, dass sie tatsächlich zu zweit besser gelingen als alleine. Jedes Paar erhält andere Aufgaben. Denn es geht nicht um den Vergleich mit anderen Paaren. Hier geht es um Leistungen, die unter Bedingungen erstellt werden, die ein Einzelner alleine nicht erfüllen kann. Je unterschiedlicher und kreativer die Aufgaben sind, umso weniger kann es zu einem unerwünschten Konkurrenzkampf der Paare untereinander kommen. Mit dieser Übung können die Kinder die Erfahrung machen, dass sie gemeinsam mit einem anderen Kind, selbst wenn das vielleicht ganz anders ist als sie selbst, mehr erreichen können als alleine.

Jeder kann etwas

Jedes Kind kann etwas Besonderes oder hat etwas, das alle anderen so nicht haben. Mit folgenden „Wettbewerben" findet die Gruppe dieses Besondere mit Sicherheit heraus:

Beispiele

- Wer kann am lustigsten mit den Ohren wackeln?
- Wer hat die blauesten Augen?
- Wer kann am weitesten Kirschkerne spucken?
- Wer kann am lautesten pfeifen?
- Wer kann am schnellsten im Kopf rechnen?
- Wer kann am besten Witze erzählen? o. Ä.

Bei den Wettkämpfen darf es lustig und auch ein bisschen albern zugehen. Wichtig ist, die „Wettbewerbe" so auszuwählen, dass alle Kinder wenigstens einmal gewinnen. Sind die jeweils Besten gefunden, werden sie gebührend beklatscht und gefeiert und am besten auch noch mit einer Urkunde belohnt.

Kleingruppen bilden

Häufig ist es in Gruppen notwendig, Kleingruppen zu
bilden. Überlässt man das den Kindern selbst, werden
die Kleingruppen im Allgemeinen nach Sympathien
gebildet. Weniger beliebte Kinder bleiben übrig. Ab-
hilfe schafft die Gruppenbildung nach dem Zufallsprinzip. Hierbei haben sich unterschiedliche Verfahren
bewährt, aus denen je nach Alter und Fähigkeiten der
Kinder ausgewählt werden kann:

Abzählen
Die Gruppe sitzt im Kreis und zählt durch, z. B. jeweils
von 1 bis 4. Die Personen mit der gleichen Nummer
bilden dann eine Gruppe. Da im Sitzkreis Freundinnen
und Freunde meist nebeneinander sitzen, ist schon diese einfache Methode gut geeignet, „Sympathiegrup-
pen" zu trennen.

Puzzle zusammensetzen
Je nach Anzahl der gewünschten Kleingruppen werden Postkarten in Teile zerschnitten und gemischt. Jedes Kind zieht ein Puzzleteil und sucht die fehlenden
Teile.

Streichhölzer ziehen

Entsprechend der Anzahl der gewünschten Gruppen werden verschiedene Streichholzlängen vorbereitet. Die Kinder, die Streichhölzer gleicher Länge ziehen, bilden eine Kleingruppe.

Geburtsdaten

Die Kinder bilden entsprechend ihrer Geburtsdaten eine Reihe. Je nach Anzahl der gewünschten Gruppen wird die Reihe, beginnend vom 1. Januar, in 2, 3, 4 oder mehr gleich große Gruppen geteilt.

Familienzusammenführung

Die „Familienmitglieder" verschiedener Familien, z. B. Mutter Maier, Vater Maier, Tochter Maier, Sohn Maier, Oma Maier usw. Mutter Müller, Vater Müller, Tochter Müller, Sohn Müller, Oma Müller usw. werden einzeln auf Kärtchen gezeichnet oder geschrieben und gut gemischt. Jedes Kind zieht ein Kärtchen und sucht sich seine neue Familie zusammen, mit der es dann eine Kleingruppe bildet.

Spiele für mehr Zusammenhalt

Blind verstehen

Die Kinder bekommen verschiedene Aufgaben gestellt, die sie unter erschwerten Verständigungsbedingungen erfüllen sollen.

Beispiele

- Die Kinder fassen sich an den Händen und bilden eine Schlange. Bis auf das erste Kind schließen alle Kinder die Augen. Die „blinde" Schlange lässt sich so von ihrem sehenden Kopf an Tischen und Stühlen vorbei durch den Raum führen.
- Die Kinder sollen sich, ohne miteinander zu sprechen, in einer Reihe der Größe nach aufstellen. Für ältere Kinder kann die Übung zusätzlich erschwert werden, indem dabei allen die Augen verbunden werden.
- Die Gruppe soll sich mit verbundenen Augen und schweigend im Kreis aufstellen.
- Die Gruppe soll, ohne miteinander zu sprechen, entsprechend ihrer Lieblingshaustiere Kleingruppen bilden. Erlaubt sind Tiergeräusche und Gesten.
- Ältere Kinder bekommen die Aufgabe, sich in alphabetischer Reihenfolge ihrer Vornamen aufzustellen

und sich dabei wortlos nur durch Mimik und Gestik zu verständigen.

Die Aufgaben müssen jeweils entsprechend den Fähigkeiten der Kinder ausgewählt werden. Im Auswertungsgespräch werden dann Fragen geklärt wie:

- Was war leicht, was hat gut geklappt?
- Was war schwierig? Warum?

Eisscholle

Alle Kinder stellen sich dicht an dicht auf eine „Eisscholle", ein großes Stück Papier, z. B. eine auseinandergefaltete Zeitung. Sobald sich alle auf der „Eisscholle" befinden, beginnt diese zu schmelzen. Dazu wird von außen immer wieder stückchenweise etwas vom Papier weggenommen. Die Kinder müssen folglich immer weiter zusammenrücken. Wie klein kann die Eisscholle werden, ohne dass ein Kind „ins Meer stürzt"?

Rettende Insel

Der Raum, in dem die Gruppe sich trifft, wird zum „Wasser" ernannt. An einer Seite des Raumes wird mit Klebestreifen oder Kreide ein Stück als „Insel" abgegrenzt. Jedes Kind bekommt eine Zeitung und stellt sich darauf. Diese Zeitung stellt einen „Stein" dar, der aus dem „Wasser" ragt. Ziel der Übung ist, dass alle Kinder die rettende „Insel" erreichen, ohne ins „Wasser" zu treten. Das heißt, alle dürfen sich nur auf den „Steinen" fortbewegen, indem sie z. B. von „Stein zu Stein" hüpfen. Auch die „Steine" selbst dürfen bewegt und im „Wasser" irgendwohin verschoben werden. Die Vorteile der Zusammenarbeit und Abstimmung in einer Gruppe beim Lösen schwieriger Probleme werden unmittelbar erfahrbar.

Begegnung auf der Brücke

Die Kinder begegnen sich paarweise auf einer schmalen Brücke. Sie müssen versuchen, aneinander vorbeizukommen, ohne „ins Wasser zu treten" oder gar „ins Wasser zu fallen" oder sich gegenseitig zu verdrängen oder zu verletzen.

Als „Brücke" kann eine Gymnastikbank benutzt werden. Die „Brücke" kann aber auch mit Klebstreifen oder Kreide auf dem Fußboden im Raum gekennzeichnet werden. Wer übertritt, ist im Wasser gelandet und beide Kinder scheiden aus.
Welche Möglichkeiten gibt es, unbeschadet und freundlich aneinander vorbeizukommen?

24

Reise nach Jerusalem mit einem Stuhl

So viele Stühle wie Kinder werden wie bei der „Reise nach Jerusalem" in einer Reihe aufgestellt, d. h. ein Stuhl mit dem Sitz nach vorne, der nächste mit der Lehne nach vorne. Die Kinder gehen mit Musikbegleitung um die Stuhlreihe herum. Stoppt die Musik, springt jedes Kind auf einen Stuhl, gleichgültig, ob da schon jemand sitzt oder ob der Stuhl leer ist. Nach jedem Musikstopp wird ein Stuhl weggenommen. So entstehen lustige „Kinderberge". Das Spiel ist aus, sobald ein Kind nicht mehr auf den restlichen Stühlen gehalten werden kann. Im Idealfall sitzen zum Schluss alle auf einem einzigen Stuhl und halten sich gegenseitig fest.

Zusammengesetzte Hauptwörter

Ein Kind oder mehrere Kinder werden hinausgeschickt. Die übrigen einigen sich auf ein zusammengesetztes Hauptwort, das von den Hinausgeschickten später erraten werden muss. Das zu erratende Wort wird pantomimisch dargestellt. Dazu bildet die Gruppe zwei Kleingruppen. Die eine führt den ersten Wortteil des zusammengesetzten Hauptwortes vor, die andere den zweiten. Wenn das Wort geraten ist, werden die Rollen gewechselt.

Nach derselben Methode können auch Redewendungen pantomimisch dargestellt und erraten werden.

Menschenmaschine

Die Gruppe erfindet aus allen Mitgliedern eine „Maschine". Das heißt, alle Kinder werden so in Beziehung zueinander gebracht, dass sie einander berühren, an den Händen, den Armen, den Füßen, den Hüften usw. und in Bewegung geraten, sobald ein Kind sich bewegt. Bei großen Gruppen sollte das Konstruieren einer „Menschenmaschine" zunächst in Kleingruppen ausprobiert und nach und nach erweitert werden. Wer möchte, kann die „Menschenmaschine" auch noch zum Klingen bringen und typische Maschinengeräusche machen lassen.

Gordischer Knoten

Alle Kinder stehen eng beieinander. Dann schließen sie die Augen und suchen sich blind zwei Hände zum Anfassen. Wenn das alle geschafft haben, öffnen sie die Augen wieder. Sie versuchen nun, den Knoten zu entwirren, indem sie durch Arme hindurch kriechen, über Arme hinwegsteigen, sich drehen o. Ä.
Der Knoten darf dabei aber nicht auseinander reißen, d. h. die Hände dürfen nicht losgelassen werden.

Kettenwerk

Die Kinder malen gemeinsam ein Bild zu einem „Freundschafts"-Thema, z. B. „Wir gehören alle zusammen". „Wir sind Freunde". Nacheinander fügt jedes Kind einen Bildteil hinzu. Das Bild sollte fertig sein, wenn alle zweimal an der Reihe waren.

Variation

Ältere Kinder können auch eine Kettengeschichte erzählen. Dabei kann es hilfreich sein, wenn die Gruppenleiterin zunächst ein Thema und einen Erzählanfang einbringt, den die Kinder weiter entwickeln können. Das erste Kind beginnt z. B. zu erzählen: „Es geschah nach unserem letzten Gruppentreffen ..." Nach zwei bis drei weiteren Sätzen nimmt das nächste Kind in der Runde den Gesprächsfaden auf und spinnt ihn weiter. Die Geschichte sollte ihren Abschluss haben, wenn alle zweimal an der Reihe waren.
Für Gruppen, die schon Übung mit Kettengeschichten haben, können auch „Pflichtwörter" vorgegeben oder von den Kindern selbst beschlossen werden, die in der Geschichte vorkommen müssen: z. B. werden so viele Pflichtwörter vorgegeben, wie die Gruppe Mitglieder

hat. Jedes Kind muss eines der Wörter aufnehmen, darf das Wort aber nicht selbst vorgeschlagen haben. Solche Pflichtwörter können sein:

Verrat – Angsthase – Verlierer – Versprechen – Geheimnis o. Ä.

Noch mehr Spaß macht das Erzählen, wenn die Wörter vordergründig gar nichts mit „Freundschaft" zu tun haben, wie z. B.:

Sonnenschein – Luxusdampfer – Fingernagel – Schafherde – Schreibtisch

Ist die Geschichte sinnvoll geworden? Was hat besonders viel Spaß gemacht? Was war leicht? Was war schwierig?

Sachen suchen

Die Gruppe bekommt Aufträge, die die Kinder nur gemeinsam lösen können. Sie sollen bestimmte Sachen zusammentragen, z. B.:

- etwas, das alle schön finden
- etwas, das mit der Gruppe zu tun hat
- so viele Exemplare einer Sache wie die Gruppe Mitglieder hat
- von jedem Kind etwas Unterschiedliches
- etwas in der Haarfarbe der meisten Kinder
- etwas, das alle hässlich finden usw.

Die Aufgaben müssen auf die jeweilige Gruppe abgestimmt werden und sie müssen auch zu lösen sein.

- Wie ging es der Gruppe mit dieser Übung?
- Wie sind die Kinder an die Aufgaben herangegangen?
- Haben alle gut mitmachen können?
- Gab es auch Schwierigkeiten und welche?
- Hat die Übung Spaß gemacht?

✖✖ Spiele zum Umgang mit Konflikten

Was mich wütend macht

Die Kinder erzählen, welche Ereignisse sie wütend machen.

„Mich macht es wütend, wenn

- meine Mutter mich immer beim Spielen stört.
- ich nicht mitspielen darf.
- ein anderer doof guckt.
- ich etwas haben will und bekomme es nicht.
- ich nicht beachtet werde.
- ich ständig aufräumen soll." u. Ä.

Dabei werden sich Gemeinsamkeiten und Unterschiede ergeben. Die Kinder können die Erfahrung machen, dass Wut aus ganz verschiedenen Anlässen entstehen kann und manches, was sie selbst auf die Palme bringt, andere ganz kalt lässt und umgekehrt.
Im Gespräch können die Kinder auch Ideen kennen lernen, wie andere mit ihrer Wut umgehen. Diese können dann gleich ausprobiert werden. Die Kinder werden aufgefordert, sich so zu verhalten und zu bewegen, als seien sie sehr wütend.

„Denkt mal nach, wie das war, als ihr das letzte Mal
wütend wart. Wie fühlt sich die Wut in eurem Bauch
an? Wie sieht euer Gesicht aus, wenn ihr wütend seid?
Was habt ihr getan, um eure Wut loszuwerden? Was
könntet ihr besser machen?"
Die Kinder probieren dann die Methoden anderer Kinder aus, mit der Wut fertig zu werden.

- „Welche Lösungen haben besonders gut gewirkt?"
- „Welche nicht?"
- „Woran könnte das liegen?"

Wut-weg-Spiele

Konflikte lassen sich erst bearbeiten, wenn die Wut weg ist. Hierfür gibt es viele „Wut-weg-Spiele":

- Wer wütend ist, steht auf, hampelt und strampelt mit Armen und Beinen und schüttelt dabei die Wut einfach aus.
- Im Raum liegen spezielle „Wutzettel". Wer wütend ist, nimmt einen Zettel, zerknüllt oder zerreißt ihn und wirft ihn – und damit seine Wut – in einen „Extra-Wut-Papierkorb". Von Zeit zu Zeit wird dieser Korb gemeinsam entleert. Die „Wut" kommt in die Papiertonne oder sie wird gemeinsam verbrannt.
- Auf einem Tisch liegen immer ein großes Stück Papier und ein dicker roter Stift. Wer wütend ist, kann zu jeder Zeit zu diesem Tisch gehen und wortlos seine Wut mit viel Druck auf Stift und Papier wegkritzeln.
- Wütende Kinder lassen Dampf ab. Sie blasen damit einen Luftballon auf, so lange, bis er platzt und die Wut sich in Luft auflöst.

Stopp and go

Jeder Mensch hat Grenzen, die körperlich spürbar sind und die andere nicht unerlaubt übertreten sollten. Auch Kinder müssen nicht die Nähe jedes Menschen zulassen. Es ist wichtig, die eigenen Grenzen kennen zu lernen und sich gegen unerwünschte Annäherungen deutlich, aber ohne Streit zur Wehr zu setzen.

Die Kinder bilden Paare. Kind A und Kind B stellen sich in großem Abstand gegenüber auf. A winkt B so weit zu sich heran, bis A die Distanz als richtig und angemessen empfindet und bittet B dann, sich wieder zu entfernen. Anschließend werden die Rollen getauscht.

In einem zweiten Durchgang probieren A und B aus, was sie tun und sagen können, wenn die Distanz nicht eingehalten wird.

Sie können das durch Mimik und Gestik tun, z. B.

- nicht mehr lächeln, ein ernstes Gesicht machen
- einen oder beide Arme ausstrecken
- die Hand zum Stoppsignal heben u. Ä.

Sie können kurze verbale Statements ausprobieren, z. B.

- Bleib stehen!
- Komm nicht näher!
- Geh zurück! u. Ä.

Im Auswertungsgespräch werden Fragen erörtert wie:

- Wie leicht fällt es, die Distanz zu einer anderen Person zu bestimmen und ihr deutlich zu machen, dass sie diese nicht überschreiten soll?
- Wie schwer ist es, den Wünschen der anderen nach Distanz zu entsprechen?
- Sind Mimik, Gestik und Worte immer eindeutig und stimmen verbales und nonverbales Verhalten überein?

Die Fäuste öffnen

Konflikte führen zu körperlicher Anspannung bis hin zu körperlichen Auseinandersetzungen. Mit folgender Übung kann die Gruppe sich diese Körperspannung bewusst machen und Möglichkeiten zur Entspannung ausprobieren.

Die Gruppe bildet Paare. Kind A schließt eine Hand oder beide Hände zu Fäusten. Kind B versucht, A dazu zu bringen, dass es die Faust oder die Fäuste öffnet. Dabei darf weder psychisch noch physisch Gewalt angewendet werden.

Gelingt der Versuch? Wodurch? Oder bleiben die Fäuste geschlossen?

Nach einiger Zeit werden die Rollen getauscht.

Für die Übung sollten immer wieder neue Kinderpaare zusammengestellt werden. Denn nicht bei allen Kindern wird das gleiche Verfahren zum Erfolg führen.

Mit den Kindern sollte auch über das jeweils eigene Verhalten nachgedacht werden:

- „Wie schnell balle ich die Faust?"
- „Was muss passieren, damit es mir gelingt, die Faust zu öffnen und (wieder) offen für andere zu sein?"

Alternativen suchen

Den Kindern werden Bilder mit problematischen Situationen gezeigt und erklärt.

Beispiel

„Mike möchte auch mal mit dem Bagger spielen, aber Lena will ihn nicht abgeben. Was kann Mike tun, um auch mal damit spielen zu können?"

Die Kinder werden ermutigt, sich möglichst viele Möglichkeiten auszudenken.
Die Möglichkeiten, die ihnen am Sinnvollsten erscheinen, spielen sie im Rollenspiel nach und fragen sich dabei:

- Funktionieren die Lösungen auch tatsächlich in der Praxis?
- Wenn nein, warum nicht?
- Was könnte besser funktionieren?

Statt Problembilder als Spielimpuls zu verwenden, können die Kinder auch echte Konfliktsituationen aus ihrem Gruppenalltag nachspielen und unterschiedliche Lösungen ausprobieren. Dabei sollten jeweils unterschiedliche Kinder die Spielrollen übernehmen. Wer gerade nicht spielt, sollte gut zuhören und zuschauen und gegebenenfalls einfache Beobachtungsaufgaben erhalten, z. B. „Achte besonders darauf, was A für ein Gesicht macht." „Pass auf, wer lauter spricht? A oder B" o. Ä.

Nach jedem Spiel werden die Spielerfahrungen im Gespräch ausgewertet.

Märchenhafter Perspektivenwechsel

Um Konflikte lösen zu können, ist es besonders wichtig, die Situation auch aus der Perspektive der jeweils anderen zu sehen. Dieser „Perspektivenwechsel" kann gut mit Hilfe von Märchen geübt werden.

Die Gruppenleiterin liest ein Märchen vor. Dann erzählt sie einzelne Szenen aus der Sicht unterschiedlicher Märchenfiguren. Die Kinder spielen diese Szenen nach.

Beispiele

- **Aschenputtel**
  Einmal aus Sicht von Aschenputtel und einmal aus Sicht einer der Stiefschwestern

- **Rotkäppchen und der Wolf**
  Einmal aus der Sicht von Rotkäppchen und einmal aus der Sicht des Wolfes

Ältere Kinder können den Perspektivenwechsel einzelner Märchenszenen auch selbst vornehmen und nachspielen.
Im Abschlussgespräch werden Fragen geklärt wie:

- Verändert der Perspektivenwechsel die Einschätzung des Konflikts?
- Verändern sich die Gefühle für die Beteiligten?
- Macht der Perspektivenwechsel neue Lösungen denkbar?

Gerecht teilen

Die Gruppenleiterin legt den Kindern nacheinander Dinge vor, die nicht direkt entsprechend der Anzahl der Kinder geteilt werden können bzw. nicht für alle reichen. Die Gruppe sitzt im Kreis um diese Gegenstände herum. Jeweils zwei Kinder werden ausgewählt. Sie sollen Vorschläge machen, wie das, was vor ihnen liegt, geteilt werden kann, so dass beide zufrieden sind. Wenn möglich, probieren sie ihre Vorschläge auch gleich aus.

Beispiele

- Fünf Bonbons
- Zwei unterschiedlich große (Bilder-)Bücher
- Ein Ball
- Ein Roller u. Ä.

Lösungsmöglichkeiten

Einen Rest übrig lassen, in unterschiedliche Stücke teilen, nacheinander verwenden, gemeinsam damit spielen, nach Interesse / Geschmack / Bedürftigkeit verteilen u. Ä.

Können die beiden Kinder sich nicht auf eine Lösung einigen, darf die Gruppe Vorschläge machen - je kreativer, desto besser.
Ist die Methode eingeübt, kann sie auch in „Ernstsituationen" gute Dienste leisten.

Zauberstab

Bei diesem Spiel üben sich Kinder darin, Kritik zu äußern und verständlich zu formulieren, welches Verhalten für sie nicht akzeptabel ist und in welcher Richtung sie sich eine Veränderung wünschen.

Jedes Kind darf drei andere Kinder mit einem Zauberstab so verwandeln, dass diese zukünftig nett(er) und freundschaftlich(er) mit ihm umgehen. Dabei tippt es mit dem Zauberstab das entsprechende Kind an und formuliert seinen Wunsch in Form eines Zauberspruchs: „Simsalabim – ich verzaubere dich in ein Mädchen, das mich nicht immer auslacht, wenn ich wütend bin." Oder „Ich verzaubere dich in einen Jungen, der nie mehr ‚Betty' zu mir sagt, sondern mich mit meinem Namen ‚Bertold' anredet."

Die angesprochenen Kinder müssen den Zauberspruch schweigend über sich ergehen lassen. Sie werden nicht gezwungen, ihn zu erfüllen, aber vielleicht denken sie über das Gesagte nach. Auf Kritik nicht mit einer Rechtfertigung reagieren zu müssen, kann helfen, sich um Änderung zu bemühen.

Schimpfwörter

Die Kinder legen fest, welche Schimpfwörter besonders kränkend und hässlich sind und deshalb in der Gruppe nicht mehr verwendet werden dürfen, z. B. Scheiße, doof, blöd. Verboten sind auch alle Zusammensetzungen mit diesen Wörtern, z. B. Scheißkanake, doofe Zicke, Blödmann. Da durch verbotene Wörter aber das Bedürfnis zu schimpfen nicht aufhört, erfinden die Kinder möglichst kreative „Ersatz-Schimpfwörter", z. B. „unkluger Dinosaurier", „gefetzte Puppe", „cooler Besen" usw.

Ihre „neuen" Schimpfwörter üben die Kinder dann im Sitzkreis ein. Reihum beschimpft ein Kind jeweils das rechts neben ihm sitzende mit den „neuen" Schimpfwörtern. Dabei soll es lustig zugehen. Rutscht ihm doch ein „verbotenes" Schimpfwort heraus, muss es nach Spielende irgendetwas Positives für die Gruppe oder das jeweilige Kind tun, z. B. den Papierkorb ausleeren, dem Kind beim Basteln helfen o. Ä.

Mecker- und Streitstühle

Ärger und Streit sind normal und sollten in jeder Gruppe zugelassen werden. Im Gruppenraum kann ein spezieller „Meckerstuhl" bereitgehalten werden. Kinder, die sich ärgern oder denen etwas nicht passt, können sich auf diesen Meckerstuhl setzen und von hier aus die eigene Unzufriedenheit äußern. Sie dürfen schimpfen und alles sagen, was ihnen an der Gruppe oder an anderen Kindern nicht gefällt.

Dabei muss die Gruppe gut zuhören, niemand darf in diesem Moment widersprechen oder Kommentare abgeben. Erst wenn das Kind auf dem Meckerstuhl allen Dampf abgelassen hat, wird es gefragt, welche Lösungen ihm einfallen.

Wenn zwei Kinder sich streiten, können zwei als „Streitstühle" gekennzeichnete Stühle gute Dienste leisten. Die beiden Kinder, die miteinander einen Konflikt haben, setzen sich einander gegenüber und „streiten". Sie können sich Vorwürfe machen, schimpfen, anschreien u. Ä., aber keine körperliche Gewalt anwenden. Das sollten sie möglichst solange machen, bis ihr Zorn verraucht ist und sie beginnen können, ihr Problem miteinander verbal zu klären oder bis beide einfach lachen müssen.

🚶 Spiele zum Wohlfühlen

Heißer Stuhl

Die Gruppe sitzt im Kreis. In die Kreismitte wird ein Stuhl gestellt. Nacheinander setzen die Kinder sich auf diesen Stuhl. Jeweils drei Kinder werden nach dem Zufallsprinzip ausgewählt, um dem Kind auf dem „heißen Stuhl" ein positives Feedback zu geben. Sie beginnen ihr Feedback immer mit dem Satz:
„Ich mag an dir, dass du …"
Sie können dabei alles Mögliche nennen, positives Verhalten, besondere Fähigkeiten, gutes Aussehen, coole Kleidung u. Ä.
Wer auf dem „heißen Stuhl" sitzt, antwortet jedes Mal mit den Worten „Ich danke dir."

Variation

Die Kinder auf dem „heißen Stuhl" können auch selbst aussuchen, wer ihnen Feedback geben soll. Sie können dabei z. B. gerade solche Kinder um Feedback bitten, die ihnen (noch) relativ fremd sind bzw. mit denen es öfter zu Konflikten kommt. Die Übung kann dann dabei helfen, Fremdheit und Konfliktbereitschaft zu verringern bzw. zu überwinden.

Die Gruppe ist vielseitig

In jeder Gruppe gibt es viele Talente, ohne dass die Kinder das voneinander wissen. Die Kinder machen sich diese Talente bewusst, indem sie in der Gruppe dazu eine Umfrage starten.
Mögliche Fragen können sein:

- Welche Sprachen sprechen die Kinder unserer Gruppe?
- Welche Musikinstrumente spielen sie?
- Welche Sportarten üben sie aus?
- Welche Haustiere halten sie?
- Welche Hobbies haben sie? u. Ä.

In Gruppen, in denen die Kinder noch nicht schreiben können, schreibt die Gruppenleiterin die Ergebnisse auf. Ältere Kinder notieren ihre Informationen selbst. Nach dem Abschluss der Befragung wird gemeinsam über die Ergebnisse gesprochen:

- Gibt es überraschende Erkenntnisse?
- Ändert sich gegebenenfalls die Sichtweise auf einzelne Kinder?
- Hat das Auswirkung auf die Gruppenarbeit und den Zusammenhalt in der Gruppe?

Rettung aus dem Brunnen

Die Gruppe sitzt im Kreis. Ein Kind steht in der Mitte. Es lässt sich plötzlich fallen und sagt: „Ich bin in den Brunnen gefallen." Die übrigen Kinder fragen im Chor: „Wer soll dich retten?" Das Kind im Brunnen nennt irgendeine positive soziale Verhaltensweise.

Beispiele

„Das Kind,
- das am Freundlichsten lachen kann.
- das mir das schönste Kompliment macht.
- das mir den nettesten Spitznamen gibt.
- das mit der sanftesten Stimme spricht u. Ä."

Die Kinder im Kreis versuchen, diese Verhaltensweisen so überzeugend wie möglich auszuführen. Das Kind im Brunnen entscheidet, wer es am besten macht, lässt sich von diesem Kind „retten", d. h. aufhelfen und tauscht mit ihm die Rolle.
Damit möglichst alle Gruppenmitglieder einmal das Kind im Brunnen retten dürfen, sollten vor Spielbeginn in der Gruppe gemeinsam „Rettungsmöglichkeiten" besprochen und ausprobiert werden.

Tagesmotto

Zu Beginn eines jeden Treffens wird ein „Tagesmotto" festgelegt. Die Gruppe beschließt gemeinsam ein positives Verhalten, das sie an diesem Tag besonders beherzigen will. Das Motto muss einfach und positiv formuliert sein und eine konkrete Verhaltenweise beschreiben, so dass auch jedes Kind weiß, was zu tun ist. Bei jüngeren Kindern kann die Gruppenleiterin auch verschiedene Verhaltensweisen vorschlagen, aus denen die Kinder dann das Motto für den Tag auswählen.

Das Tagesmotto wird auf eine Wandzeitung geschrieben, zur Bekräftigung noch mal vorgelesen und gegebenenfalls auch gemeinsam nachgesprochen.

Wenn im Lauf der Gruppenstunde dagegen verstoßen wird, erinnern die Gruppenleiterin und / oder die Kinder erneut an das Tagesmotto.

Das Tagesmotto muss zur Gruppe und zur Gruppensituation passen.

Beispiele

- „Wir sagen heute immer bitte und danke."
- „Wir lassen jedes Kind ausreden."
- „Wir benutzen keine Schimpfwörter." u. Ä.

Am Ende des Gruppentreffens wird darüber gesprochen, ob das Tagesmotto eingehalten wurde und warum gegebenenfalls nicht. Nachdem eine Weile mit einem „Tagesmotto" gearbeitet wurde, sollte auch darüber gesprochen werden, ob die Übung eine positive Auswirkung auf das Gruppenklima hat.

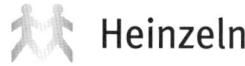 # Heinzeln

Die Namen aller Kinder werden einzeln auf Zettel geschrieben. Diese werden gesammelt und gut gemischt. Jedes Kind zieht nun den Namen eines anderen. In der nächsten Zeit soll es für dieses nun das Heinzelmännchen spielen: d. h. es bemüht sich darum, es unauffällig zu unterstützen, ihm gegenüber besonders aufmerksam und freundlich zu sein oder ihm auf irgendeine Art und Weise etwas Gutes zu tun. Je nach Gruppensituation und Alter der Kinder kann das „Heinzeln" ganz unterschiedlich ausfallen. Immer sollte es sich dabei um ideelle Unterstützung handeln. Bei kleinen Kindern kann das Mitspielen-Lassen, Nachgeben bei Streit, Teilen von Arbeits- und Spielmaterial, Trösten bei Kummer u. Ä. sein, bei älteren Kindern auch Hilfe bei den Hausaufgaben, Schutz vor Mobbing auf dem Heimweg u. Ä.

Nach einiger Zeit wird das „Heinzeln" im Plenum besprochen. Was war schwierig? Was war einfach? Hat es das Klima in der Gruppe beeinflusst? Wer wen beheinzelt, sollte dabei nicht im Plenum thematisiert werden, es sei denn, beide Partner sprechen es von sich aus an.

Lachen ist gesund

Lachen schafft eine positive Atmosphäre und ist ein guter Indikator für ein freundliches Gruppenklima. Dem Lachen sollte deshalb bewusst Raum gegeben werden. Die Gruppe steht oder sitzt im Kreis. Ein Kind geht in die Mitte und fordert mit einem Lächeln, schmeichelnden Worten und Gesten reihum die anderen auf: „Schenk mir ein Lächeln." Die Angesprochenen müssen versuchen, ernst zu bleiben. Wer sich dennoch das Lachen nicht verkneifen kann und zu lächeln beginnt, muss nun selbst in die Mitte und versuchen, andere ebenfalls zum Lachen zu bringen.

Variation

Die Gruppe kann auch regelmäßig den „Witz der Woche" küren. Reihum erzählen die Kinder einen Witz, über den sie besonders gelacht haben. Rassistische oder sexistische Witze sind dabei verboten. Abschließend stimmt die Gruppe ab, welches der „Witz der Woche" wird.

Gruppen-Puzzle

Ein großes Stück Pappe wird in so viele Puzzle-Teile zerschnitten wie Kinder in der Gruppe sind. Jedes Kind nimmt sich ein Puzzle-Teil und gestaltet es so, wie es möchte. Anschließend wird das Puzzle gemeinsam zusammengelegt und fixiert, so dass es im Gruppenraum oder an dessen Tür aufgehängt werden kann. Das zusammengesetzte Puzzle macht deutlich: Wir alle gehören zusammen. Erst wenn alle Einzelteile vorhanden sind, ist das „Gruppenpuzzle" komplett.

Ältere Kinder können auch ein Puzzle mit ihren Namen zusammenfügen. Wie beim Scrabble oder einem Kreuzworträtsel fügen sie auf einem großen Bogen Papier nacheinander ihre Namen ineinander. Dabei bemühen sie sich, möglichst viele bereits vorhandene Buchstaben zu verwenden. Die Reihenfolge, in der die Kinder ihre Namen eintragen, kann ihnen selbst überlassen oder ausgelost werden. Die Gruppe kann das Namen-Scrabble aber auch gemeinsam füllen, damit alle Möglichkeiten genutzt werden, einen Namen unterzubringen und dabei möglichst wenig Platz zu verwenden. Die Übung kann mehrfach wiederholt werden, damit wirklich die Form gefunden wird, die alle Kinder mit ihren Namen möglichst dicht zusammenbringt.

Sonnenstrahlen

Aus Papier wird eine große runde Sonne und für jedes Kind ein Sonnenstrahl ausgeschnitten. Diesen Strahl gestaltet jedes Kind nach seiner Fantasie mit allem, was ihm an der Gruppe gefällt und kennzeichnet ihn mit seinem Namen oder seinem Symbol. Die fertigen Strahlen werden an der großen runden Sonne befestigt. Die Befestigung sollte so sein, dass die Position der Strahlen einfach zu verändern ist. Denn wenn ein neues Kind in die Gruppe kommt, rücken die Strahlen einfach ein bisschen näher zusammen.

Die strahlende Sonne wird im Raum aufgehängt und zeigt den Kindern immer wieder das positive, freundliche Gesicht der Gruppe, auch wenn es draußen regnet oder die Stimmung gerade mal nicht so gut ist.

Konferenz der Tiere

Kooperatives Verhalten zum Bearbeiten von Gruppen-
angelegenheiten oder -problemen gelingt Kindern oft
besser, wenn sie nicht direkt, sondern geschützt durch
Medien wie Puppen oder Tiere agieren.

Für eine „Konferenz der Tiere" werden Aufkleber aus
doppelseitigem Klebeband mit unterschiedlichen Tier-
bildern vorbereitet. Jedes Kind zieht einen Aufkleber
und verwandelt sich dadurch in das abgebildete Tier.
Alle Tiere versammeln sich auf einer „Wiese" und versuchen, ein aktuelles Gruppenproblem zu klären.
Alle agieren entsprechend dem Charakter ihrer Tier-
rolle. Wichtig ist, dass bei der Konferenz jedes Tier zu
Wort kommt, dass alle gemeinsam nach einer Lösung
suchen und sie sich nicht gegenseitig „auffressen".

Variation

Sollten die Kinder keine kooperativen Tendenzen entwickeln, kann die Gruppenleiterin zu einem Fabeltier
mit Zauberkraft werden und alle aggressiven Tiere in
friedliche verwandeln, was sie dazu zwingt, versöhn-
lich zu werden.

In einem abschließenden Gespräch wird geklärt, wie die Kinder sich in ihren unterschiedlichen Rollen gefühlt haben.
Wurden sie zu den Tieren, die sie dargestellt haben?

Schlusskreis

Zum Abschluss jedes Treffens bilden alle Kinder einen Kreis. Die Mitte des Kreises wird besonders schön dekoriert, z. B. mit einer Kerze oder einem Blumenstrauß. Nun drückt jedes Kind reihum dem rechts neben ihm stehenden die Hand und gibt ihm bis zum nächsten Treffen gute Wünsche mit auf den Weg. Die guten Wünsche sollen zur Person passen, aber nicht zu persönlich gehalten sein.

Beispiele

- „Machs gut. Ich freue mich schon auf das Wiedersehen mit dir."
- „Werde gesund. Ich hoffe, dass es dir beim nächsten Treffen schon besser geht."
- „Ich drück dir den Daumen, dass deine Wünsche in Erfüllung gehen" o. Ä.

Die guten Wünsche werden schweigend entgegengenommen. Sie dürfen weder von den Kindern, denen sie gelten, noch von der Gruppe hinterfragt oder kommentiert werden. Aber sie sollten ein Lächeln auf jedes Gesicht zaubern.

Variation

Das Spiel kann leicht abgewandelt auch bei Geburtstagsfeiern eingesetzt werden.
Alle Kinder „schenken" dann dem Geburtstagskind einen guten Wunsch.

Don Bosco MiniSpielothek
Klein, fein, alles drin

ISBN 978-3-7698-2161-1

ISBN 978-3-7698-2160-4

ISBN 978-3-7698-2159-8

ISBN 978-3-7698-2130-1

ISBN 978-3-7698-2128-4

ISBN 978-3-7698-2129-1

ISBN 978-3-7698-2127-7

ISBN 978-3-7698-2077-5

ISBN 978-3-7698-2076-8

ISBN 978-3-7698-2065-2

ISBN 978-3-7698-2002-7

ISBN 978-3-7698-2075-1

ISBN 978-3-7698-2064-5

ISBN 978-3-7698-2066-9

ISBN 978-3-7698-2000-3

ISBN 978-3-7698-1999-1

ISBN 978-3-7698-2001-0

ISBN 978-3-7698-2063-8